Crocolou
aime dormir

Ophélie Texier

ACTES SUD junior

– Debout mon Crocolou…
chuchote maman crocodile.
– Oh non ! c’est déjà l’heure de se lever ?
gémit celui-ci en remontant la couverture
au-dessus de son nez.

– Eh oui, il y a école aujourd’hui ! répond son papa loup.
Viens vite boire ton bol de chocolat…

Sur le chemin de l'école, Crocolou, encore tout endormi, demande à son papa de le porter sur ses épaules.

Après une matinée bien remplie
et un bon déjeuner à la cantine…
– C’est l’heure de la sieste !
annonce Mme Chouchou.
Chut, pas de bruit !
Mais Crocolou s’est déjà endormi.

S'il est très fatigué, Crocolou peut dormir n'importe où.
Même sur le chariot du supermarché !

En voiture, quand il y a des bouchons,
le voyage paraît long…
Crocolou en profite pour piquer
un petit roupillon !

Quand c'est la fête à la maison,
Crocolou est si fatigué d'avoir dansé
qu'il s'assoupit d'un seul coup
sur le canapé !

– Si on dormait à la belle étoile ?
propose papa loup, les nuits d'été.
Alors, avant de fermer les yeux,
Crocolou fait mille vœux.

Quand Crocolou se couche trop tard,
il est grognon le lendemain matin.

CROCOLOU

Mais s'il a trop dormi,
il se sent tout raplapla…

Alors il prend une bonne douche pour se réveiller,
et la journée peut commencer !

Mais ce que Crocolou aime par-dessus tout, c'est se blottir et s'endormir dans les bras de sa maman crocodile.

Retrouve toutes les aventures de **Crocolou**
chez ton libraire !

 – ISBN 978-2-330-06272-9
Loi 49-956 du 16 juillet 1949 sur les publications destinées à la jeunesse.
Reproduit et achevé d'imprimer en juillet 2017 par l'imprimerie Printer Portuguesa
pour le compte des éditions ACTES SUD, Le Méjan, Place Nina-Berberova, 13200 Arles
Dépôt légal 1re édition : août 2017 – imprimé au Portugal